Foto: OLE PETTER RØRVIK
Tekst: EVALD NILSEN
English translation: STEWART CLARK
Deutsche Übersetzung: CAROLA PECKOLT
Redigert ved: OLE PETTER RØRVIK

Disse har også bidratt med fotos:
TROMSØ BYMUSEUM: s. 6 - 7
ROALD BENJAMINSEN: s. 42 øverst, s. 58 - 59
TORLEIF WILHELMSEN: s. 62 - 63

This edition published 1993 by
Aune Forlag AS Trondheim - Norway

©Illustrations and text: Aune Forlag AS
All rights reserved.
ISBN 82-90-633-26-2
ART. NR. 1019

TROMSØ
Ishavsbyen

Tromsø; ishavsbyen, Norges største fiskevær og verdens nordligste universitetsby. Et pulserende landsdelssenter, som på 70 grader nord favner om et areal på hele 2558 km². En by, som i kraft av sitt mangfold, vil reise seg i protest mot enhver enkel beskrivelse.

Sør-øst for sentrum troner den majestetiske Tromsdalstind (1238 m.o.h.). Nærmere bykjernen ligger Tromsøs populære utsiktspunkt Fløyfjellet med Storsteinen (420 m.o.h.). Dit frakter Fjellheisen deg på noen korte minutter.

Herfra kan man skue ut over det meste av denne verdens nest største by, i areal. Over sundet ser vi Tromsøya og bysentrum der majoriteten av de 50 000 innbyggerne er bosatt. Løfter vi blikket vil det treffe Kvaløyas tinderader som tårner seg som den siste terskel mot Ishavet. Mot sør, Bentsjordtind og Malangsfjellene. Mot nord, Ringvassøyas profil.

Tromsø ble kirkested så tidlig som i 1252, og i 1860-årene ble tre større trekirker bygget, blant disse Tromsø Domkirke (1861). Av nyere dato er Tromsdalen kirke (1965) som gjerne blir kalt Ishavskatedralen. Med sine spennende arkitektoniske linjer er dette et av landets mest markante byggverk.

Det var først på 60-tallet at befolkningsveksten for alvor skjøt fart. Tromsøbrua ble åpnet i 1960, og den 1036 meter lange betongbrua gjorde Tromsø landfast. Fire år senere ble Tromsø Lufthavn åpnet, og på under to timer kan man nå Oslo, eller Longyearbyen på Svalbard. I 1973 ble Kvaløya knyttet til bysentrum med Sandnessundbrua. I sentrumsfjellet er det sprengt ut en parkeringshall som rommer 800 biler, og en 2,3 kilometer lang tunnel er sprengt ut fram til flyplassen.

Universitetets betydning for utviklingen av det nye Tromsø kan knapt overvurderes. Universitetet ble åpnet i 1972, og i dag er institusjoner som Tromsø Museum (1872) og Nordlysobservatoriet (1927) enheter under universitetsparaplyen. I dag framstår Universitetet i Tromsø med en velutviklet kompetanse innenfor en rekke fagområder. Fiskeriforskning og arktisk forskning er satsingsområder, og innenfor medisinsk utdanning har en i Tromsø skapt nye modeller som siden er tatt i bruk andre steder.

Nærheten til Ishavet har gitt Tromsø et internasjonalt renommé. Porten til Ishavet er et begrep langt mer enn en floskel. De fleste arktiske ekspedisjoner har startet nettopp i Tromsø. På Polarmuseet, idyllisk beliggende i det historiske Skansen-området med Bymuseet som nærmeste nabo, får man på en glimrende måte illustrert det nære samlivet mellom byen og de polare egner, fangstmiljøet og forskningen. Sentralt i den polare historie står Roald Amundsen. Han fløy ut fra Tromsø for å komme italieneren Umberto Nobile og luftskipet «Italia» til unnsetning og omkom da flyet «Latham» styrtet i Ishavet 18. juni 1928.

Også nærheten til fiskefeltene langs kysten har preget Tromsø. Byen er fortsatt et betydelig fiskevær med flere store foredlingsbedrifter og en stor fiskeflåte. Havnemiljøet er fargerikt, med omkring 7000 skipsanløp årlig. To ganger i døgnet passerer hurtigruta, en institusjon i passasjer- og godstrafikken langs kysten. Riksveg 1 som den så treffende kalles.

Tromsø er også et kulturelt senter i Nord-Norge. Amatørkulturen er mangfoldig og rik, og byen fikk i 1970 et profesjonelt teater. Tromsø er kjent for et usedvanlig frodig uteliv, med flere utesteder enn noen annen norsk by i forhold til antall innbyggere. Byen, som gjennom tidene har vunnet ry for sin store gjestfrihet og utadvendthet, gjør sitt beste for å leve opp til hederstittelen «Nordens Paris». De rike restauranttradisjonene knyttes tilbake til de gamle vinstuene, for ikke å glemme Ølhallen, denne verdens nordligste pub som siden 1928 har vært fiskere og fangstfolks eget treffsted.

Innenfor bygrensene finnes fjellvidder med rike fiskevann, jaktmuligheter og fjell som reiser seg opp i 1800 meters høyde. De kjente Lyngsalpene lener seg mot byen i øst. Øya selv omtales av mange som en perle, en karakteristikk ikke minst Prestvannet bidrar til å rettferdiggjøre.

De senere år er idrettsbyen Tromsø blitt et stadig sterkere begrep. Noe som forklares gjennom byggingen av nye idrettsanlegg. Tromsø er således representert i 1. divisjon i en lang rekke idretter.

Med sine mektige og naturskjønne omgivelser, pittoreske og idylliske kvartaler, sitt pulserende og travle gateliv, står Tromsø fram som en mangfoldig by med store ambisjoner på vegne av såvel seg selv som landsdelen.

Forrige side: Tromsø havn. Til venstre: Midnattssol over Tromsøbrua og Ishavskatedralen.

Previous page: Tromsø's port. Left: Midnight sun over Tromsø bridge and the Arctic Cathedral.

Vorhergehende Seite: Der Tromsøer Hafen. Links: Mitternachtssonne über der Tromsøbrücke und der E kathedrale.

TROMSØ
Gateway to the Arctic

Tromsø is Norway's largest fishing port and also the northernmost university town in the world. Despite its high latitude, 70° N, it is a lively regional centre with an area of 2558 km². Tromsø's variety defies any simple description.

Southeast of Tromsø lies the majestic Tromsdalstind (1238 m). Fløyfjellet and its Storsteinen (420 m), a popular viewpoint, is closer to the centre and only takes minutes to ascend by cable car. Imagine we are standing at the top enjoying the panorama of the world's second largest town, in area. Across the sound we see Tromsø island and the town centre, with most of the 50 000 inhabitants. Behind this, the jagged peaks of Kvaløya, and beyond the vast Arctic Ocean. To the south, the Bentsjordtind and Malangsfjellet mountains. To the north, the profile of Ringvassøya.

The first church was built in Tromsø in 1252. Tromsø Cathedral (1861) and two other wooden churches followed in the 1860s. The modern Arctic Cathedral (1965) is one of Norway's most prominent landmarks. The architecturally-stimulating lines of this building match the 1960s when Tromsø's population and infrastructure started to expand this former isolated town into a modern regional centre.

The 1036 m long Tromsø bridge opened in 1960 and linked Tromsø to the mainland. Then came the airport four years later, which made Oslo or Spitsbergen suddenly less than two hours away. Next, in 1973 the Sandnessund bridge connected Kvaløya to the centre. A car park for 800 cars was blasted out of the central mountain, and a 2.3 kilometre tunnel built to the airport.

The opening of the university in 1972 was a major step in the development of Tromsø. The university has now become proficient in several fields of research. Fishery and arctic research being two of its priority areas. The innovative models it has developed in medical education have proved useful elsewhere. The university now incorporates institutions such as Tromsø Museum (1872) and the Northern Lights Observatory (1927).

Tromsø is internationally renowed for its proximity to the Arctic Ocean. The «Gateway to the Arctic» is more than a cliche. Most arctic expeditions have started from Tromsø. This close relationship between Tromsø and arctic explorers and trappers is vividly reflected in the Polar Museum. A central figure is Roald Amundsen who flew from Tromsø in 1928 to try to rescue Umberto Nobile's Italian expedition and the airship «Italia». Amundsen died in the attempt, when his plane «Latham» crashed in the Arctic Ocean.

Tromsø is also a large fishing port. The rich fishing grounds just off the coast support a substantial home fishing fleet and several large fish processing plants. There is always colour and movement in the harbour since 7000 ships a year call into Tromsø. The Express Coastal Steamer, the goods and passenger service for the coastal population of Norway, stops at Tromsø twice a day. This coastal lifeline is correctly termed Norway's «Highway 1».

Tromsø is also a cultural centre for northern Norway. The theatre opened in 1970. In addition, there is an abundance of amateur artistry in many fields. There is an incredible night-life here, with more restaurants and pubs per inhabitant than anywhere else in Norway. Characteristics such as openness, zest and joie de vivre have earned Tromsø the honoury title «Paris of the North». The town's hedonistic tradition dates back to the early wine houses and the Beer Hall, the northernmost pub in the world, which has been the local for fishermen and trappers since 1928.

Then there is the outdoor life, mountains upto 1800 m, plateaus with well-stocked lakes and hunting, all within the town's limits. The famous Lyngsalpene mountains lean towards Tromsø to the east. The Tromsø island is frequently characterized as a gem. A stroll by the Prestvannet lake should be enough to justify this claim.

Sport has become more important in recent years. Tromsø has given priority to new facilities, which have contributed to the number of first division teams from the town in numerous sports.

This is Tromsø in its awe-inspiring, natural setting. Its picturesque, idyllic streets. Its pulsating, busy life. A town of intense contrasts full of drive and ambition both for itself and its region.

TROMSØ
Die Eismeerstadt

Tromsø: Eismeerstadt, Norwegens größtes Fischereidorf und die nördlichste Universitätsstadt der Welt. Ein pulsierendes Zentrum Nord-Norwegens, das sich auf dem siebzigsten nördlichen Breitengrad über eine Fläche von 2558 km² erstreckt. Eine Stadt, die sich aufgrund ihrer Vielfalt jeder einfachen Beschreibung widersetzt.

Südöstlich des Zentrums thront der majestätische Tromsdalsgipfel (1238 m ü. NN). Näher am Stadtkern liegt Tromsøs beliebter Aussichtspunkt der Fløyberg mit dem Storsteinen (420 m ü. NN). Der Berglift «Fjellheisen» bringt Sie in wenigen Minuten dorthinauf. Von hieraus sieht man den größten Teil der (flächenmäßig) zweitgrößten Stadt der Welt. Über den Sund blickt man zur Insel Tromsøya und ins Stadtzentrum, wo die meisten der 50 000 Einwohner leben.

Tromsø wurde bereits im Jahr 1252 Kirchort, und in den sechziger Jahren des 19. Jahrhunderts wurden drei größere Holzkirchen errichtet, darunter die Tromsøer Domkirche (1861). Neueren Datums ist die Tromsdalen Kirche (1965), die auch oft Eismeerkathedrale genannt wird. Durch ihre interessante architektonische Gestaltung ist diese Kirche zu einem der markantesten Bauwerke Norwegens geworden.

Erst in den sechziger Jahren unseres Jahrhunderts beschleunigte sich das Bevölkerungswachstum nennenswert. Die Tromsøbrücke wurde 1960 für den Verkehr freigegeben. Seitdem verbindet die 1036 m lange Betonbrücke Tromsø mit dem Festland. Vier Jahre später wurde der Flughafen Tromsø eröffnet und in knapp zwei Stunden kann man Oslo oder Longyearbyen auf Svalbard (Spitzbergen) erreichen. Die Bedeutung der Universität für die Entwicklung des modernen Tromsøs kann kaum hoch genug eingeschätzt werden. Die Universität wurde 1972 eröffnet, und heute sind Einrichtungen wie das Tromsø Museum (1872) und das Nordlichtobservatorium (1927) der Universität angegliedert. Heute erweist sich die Universität auf vielen Fachgebieten als eine äußerst kompetente Institution. Man investiert in die Fischereiforschung und in arktische Forschung, und auf dem Gebiet der Medizinerausbildung wurden in Tromsø Modelle entwickelt, die man sich auch andernorts zunutze gemacht hat.

Die Nähe zum Eismeer hat Tromsø internationales Ansehen verschafft. «Tor zum Eismeer», das ist eher ein Begriff als eine Floskel. Die allermeisten Expeditionen in die Arktis haben in Tromsø begonnen. Im Polarmuseum, im Skansen-Viertel idyllisch gelegen, mit dem Stadtmuseum als nächstem Nachbarn, wird das enge Zusammenleben zwischen der Stadt und den Polargebieten, Fischfangmilieu und Forschung meisterhaft dargestellt. Roald Amundsen ist eine zentrale Figur der Polargeschichte. Seinen letzten Flug trat er in Tromsø an. Amundsen wollte dem Italiener Umberto Nobile und dessen Luftschiff «Italia» zu Hilfe kommen, als sein eigenes Flugzeug «Latham» am 18. Juni 1928 ins Eismeer stürzte und er dabei ums Leben kam.

Auch durch die Nähe der Fischfanggebiete entlang der Küste ist Tromsø geprägt worden. Die Stadt ist nach wie vor ein bedeutender Fischereiort mit mehreren großen Veredelungsbetrieben und einer großen Fischereiflotte. Die ungefähr 7000 Schiffe, die die Stadt im Jahr anlaufen, geben dem Hafen ein buntes Gepräge. Die Schiffe der Hurtigrute (Postschiffe) laufen zweimal am Tag in den Hafen ein. Die Hurtigrute ist entlang der Küste im Personen- und Güterverkehr eine Institution; deshalb wird sie sehr treffend auch als Reichsstraße Nr. 1 bezeichnet.

Tromsø ist außerdem ein kulturelles Zentrum in Nord-Norwegen. Neben einer vielseitigen Laienkultur verfügt die Stadt seit 1970 auch über ein professionelles Theater. Tromsø ist für sein unglaublich reiches Nachtleben bekannt und hat im Verhältnis zur Einwohnerzahl mehr Lokale als jede andere Stadt Norwegens. Die Stadt ist im Laufe der Zeit wegen ihrer großen Gastfreundlichkeit bekannt geworden, und sie tut ihr Bestes, um dem Ehrentitel «Paris des Nordens» gerecht zu werden. Lange Traditionen sind mit den alten Weinstuben verbunden und - nicht zu vergessen - mit der «Bierhalle», der Welt nördlichstem Pub, der seit 1928 Treffpunkt der Fischer und Fahrensleute ist.

Innerhalb der Stadtgrenzen gibt es Hochebenen mit reichhaltigen Fischgewässern, Jagdmöglichkeiten und Berge, die sich bis zu einer Höhe von 1800 Metern erheben. Im Osten neigen sich die Lyngsalpen der Stadt zu. Die Insel selbst wird von vielen als Perle bezeichnet, eine Charakterisierung, zu deren Rechtfertigung nicht zuletzt Prestevannet (der Priestersee) beiträgt.

In den letzten Jahren ist Tromsø auch als Sportstadt ein immer bedeutender Begriff geworden. Als Erklärung dafür werden die neuen Sportanlagen genannt. So ist Tromsø mit einer Reihe von Sportarten in der ersten Liga des Landes vertreten.

Mit der beeindruckenden, landschaftlich schönen Umgebung, den pittoresken, idyllischen Stadtvierteln, dem pulsierenden und lebendigen Straßenleben zeigt sich Tromsø als vielfältige Stadt mit großen Ambitionen sowohl für sich selbst als auch für ihren Landesteil.

Tromsø anno 1878.

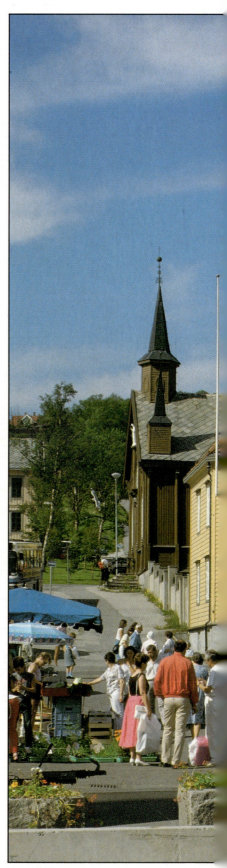

Forrige oppslag: Utsikt over Tromsø fra Fløyfjellet.
Disse sider: Området ved Torget. Frukt- og grønnsakhandlerne utgjør sammen med suvenirselgerne et populært og fargerikt innslag i bybildet. Like ved Torget står statuen av kong Haakon VII (øverst til venstre).

Previous pages: Panorama of Tromsø from Fløyfjellet.
These pages: The Market. Fruit and vegetable stalls vie for trade with souvenir sellers and bring a popular, colourful infusion to the summer scene. Close to the market is a statue of King Haakon VII (top left).

Vorhergehende Doppelseite: Blick vom Fløyberg auf Tromsø.
Auf diesen Seiten: Am Marktplatz. Im Sommer verleihen Obst- und Gemüsehändler gemeinsam mit Souvenirverkäufern dem Stadtbild ein buntes Gepräge. In unmittelbarer Nähe des Marktplatzes steht eine Statue König Haakons VII (oben links).

På Torget står Fiske- og fangstmonumentet og minner om byens sterke tilknytning til havet og polarområdene. Like nedenfor ligger Torghuken, byens populære «fiskebrygge» med havets delikatesser.
Neste oppslag: Havna - Tromsøs ansikt ut mot skipsleia.

The fishing monument on the market is a reminder of the town's proximity to the ocean and the Arctic. The fish quay is not too far away.
Overleaf: The port - view of Tromsø from the Sound.

Auf dem Marktplatz steht das Fang- und Fischereidenkmal; es erinnert an die starke Bindung der Stadt an das Meer und die Polargebiete. Unterhalb des Monuments beginnt der Fischereihafen.
Nächste Doppelseite: Der Hafen - Tromsøs Gesicht zum Meer.

Tromsø er en betydelig sjøfartsby med skipsverft og en meget travel havn. Her møtes værbitte ishavsskuter og hypermoderne fiskebåter utstyrt med dagens mest avanserte teknologi.

Tromsø is an important maritime town with shipyards and a busy port. Here, weather-beaten vessels from the Arctic Ocean moor alongside hyper-modern fishing vessels equipped with the latest high tech instrumentation.

Tromsø ist eine bedeutende Seefahrtsstadt mit Schiffswerft und einem voll ausgelastetem Hafen. Hier begegnen sich wettererprobte Eismeerkutter und hypermoderne Fischereifahrzeuge.

Området ved hurtigrutekaia med SAS-hotellet og hurtigbåtterminalen.
Motsatt side: Statuen av Roald Amundsen.
Neste oppslag: Tromsø sentrum sett fra fly.

The Express Coastal Steamer docks close to the SAS Hotel and the catamaran terminal.
Facing: Statue of Roald Amundsen.
Following page: An aerial view of the town centre.

Der Hurtigrutenkai mit SAS - Hotel und Schnellbootterminal.
Rechte Seite: Roald Amundsen - Statue.
Nächste Doppelseite: Eine Luftbildaufnahme des Tromsøer Zentrums.

Storgata er Tromsøs hovedferdselsåre. Der den passerer Domkirken og Kirkeparken ligger byens pulserende hjerte.

Storgata is the main artery in the town and where it reaches the Cathedral is the true heart of Tromsø.

«Storgata» ist Tromsøs Hauptverkehrsader; dort, wo sie an der Domkirche vorbeiführt, liegt das Herz der Stadt.

Forrige oppslag: Tromsø har et rikt og variert tilbud av kaféer, restauranter og puber. Blant annet Ølhallen, tradisjonsrikt skjenkested der Mack-ølet, byens kjente brygg kan nytes. Populært treffsted er Vertshuset Skarven med restaurant Arctandria. Her er nordnorsk kystkultur, fisk og arktiske råstoffer satt foran alt annet.

Disse sider: Tromsø sentrum er en sjarmerende blanding av gamle, ærverdige bygninger og nyere, moderne arkitektur.

Previous pages: Tromsø is renowned for its range of cafes, restaurants and pubs. A famous spot is Ølhallen, known for Mack, the local brew. Another popular place is Skarven with the Arctiandria restaurant. This is the setting to savour the north Norwegian coastal culture, fish and raw materials from the Arctic.

These pages: The town centre is a charming mixture of old venerable buildings and newer, modern architecture.

Vorhergehende Doppelseite: Tromsø verfügt über ein reichhaltiges, Angebot von Cafés, Restaurants und Kneipen.

Auf diesen Seiten: Die Mischung aus alten, ehrwürdigen Gebäuden und neuerer, moderner Architektur im Zentrum von Tromsø steckt voller Charme.

På en vandring gjennom sommer-Tromsø finner man mange frodige og pittoreske idyller. Tar en turen med fjellheisen opp på Fløyfjellet en sommernatt kan man oppleve byen og fjellene rundt badet i midnattssolens gyldne stråler.

A stroll through Tromsø in the summer will bring you to many fertile, picturesque spots. A trip up to the top of Fløyfjellet by cable car on a summer night is an experience not to miss: the town and the surrounding mountains bathed in the golden rays of the midnight sun.

Auf einer Wanderung durch das sommerliche Tromsø entdeckt man viele üppige und malerische Idyllen. Wenn man in einer Sommernacht mit dem Berglift einen Ausflug auf den Fløyberg macht, kann man die Stadt und die umliegenden Berge in den goldenen Strahlen der Mitternachtssonne gebadet sehen.

Høstkveld i Tromsø. Utsikt fra Fløyfjellet. Tromsdalstind i bakgrunnen.
Evening in Tromsø from Fløyfjellet.
Herbstabend in Tromsø. Blick vom Fløyfjellet Berg.

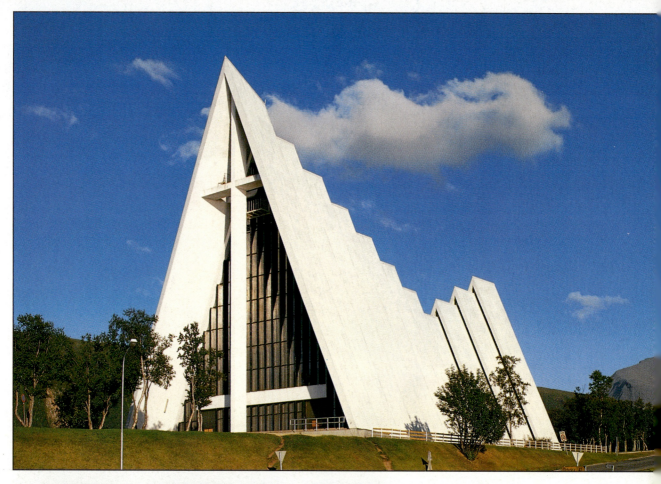

Disse sider: Tromsdalen kirke, eller Ishavskatedralen som den gjerne kalles, er Tromsøs moderne arkitektoniske stolthet med en praktfull beliggenhet.

These pages: Tromsdalen Church, or the Arctic Cathedral as it is usually called, is Tromsø's modern architectural pride in a magnificent setting.

Auf diesen Seiten: Die Tromsdalen Kirche - auch oft Eismeerkathedrale genannt - ist Tromsøs moderner architektonischer Stolz in prachtvoller Lage.

Karakteristiske bygninger fra gamle Tromsø. Kongsbakken videregående skole (øverst) og den gamle museumsbygning som huset Tromsø Museum i årene 1895 - 1961.
Motsatt side: Bymuseet på Skansen.
Neste oppslag: Utsikt over byen fra Fløyfjellet. I forgrunnen fjellheisen.

Characteristic buildings from old Tromsø. Kongsbakken School (top) and Tromsø's old museum.
Facing: The town museum at Skansen.
Overleaf: View of the town from the Fløyfjellet mountain, the cable car in the foreground.

Charakteristische Gebäude aus dem alten Tromsø: Kongsbakken-Schule (oben) und das alte Museum von Tromsø.
Rechte Seite: Das Stadtmuseum auf Skansen.
Nächste Doppelseite: Blick über die Stadt vom Fløyberg aus. Im Vordergrund der Berglift «Fjellheisen».

Tromsø har lange og stolte tradisjoner i Ishavet. I en av byens eldste trebrygger - den fredede Tollbodbrygga fra 1830-åra - ligger Polarmuseet med sine utstillinger fra norsk fangst- og forskningsaktivitet i polarområdene.

Tromsø has long, proud traditions in the Arctic Ocean. The Polar Museum is in one of the oldest and best preserved wharfs. Here, there are displays of historical objects and pictures of trapping and research activities in the Polar regions.

Lange, stolze Traditionen verbinden Tromsø mit dem Eismeer. In einem der ältesten bewahrten Speicherhäuser befindet sich das Polarmuseum, in dem historische Gegenstände und Bilder von norwegischen Fang- und Forschungsaktivitäten in den Polargebieten ausgestellt sind.

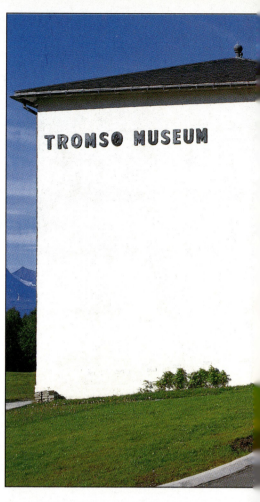

Tromsø Museum (etablert i 1872) ligger i landlige omgivelser lengst sør på Tromsøya og inngår som en del av Universitetet i Tromsø. Muséet har omfattende kulturhistoriske og naturhistoriske utstillinger. Samlingene inneholder arkeologiske funn fra Nord-Norges fortid, gamle båter, kirkekunst og en egen samisk utstilling. Her blir også vist trekk av landsdelens geologi, flora og fauna.

Tromsø Museum (founded 1872) is situated in a rural setting on southern tip of Tromsø Island. The Museum is part of the University of Tromsø. The Museum has historical and ethnological exhibitions including a comprehensive Same (Lapp) collection. Other exhibits include aspects of the region's geology, flora and fauna.

Das Tromsø Museum (gegründet 1872) liegt in ländlicher Umgebung ganz im Süden der Insel Tromsøya und ist ein Teil der Universität Tromsø. Das Museum beherbergt geschichtliche und kulturhistorische Ausstellungen und eine umfassende samische Abteilung. Hier werden auch charakteristische Züge der Geologie, Flora und Fauna des Landesteils gezeigt.

Tromsø har mange flotte og moderne idrettsanlegg, her representert ved Alfheim Stadion (øverst). Telegrafbukta badeplass lokker mange til en forfriskende dukkert på varme dager (til venstre).

Top: Tromsø's first division football team in action.
Left: Bathing in the Arctic.

Oben: Tromsø Fußballverein, der in der ersten Liga spielt, in Aktion.
Links: An warmen Tagen lassen sich die Tromsøer zu einem Bad im Eismer verlocken.

Straumhella, populært fiske- og utfartssted, med Bryggeloftet kafe og Hellastua. Den lokale gjestfrihet kommer til uttrykk på egne skilt: «Camping og fiske tillatt for alle». Nederst: Kongeskipet «Norge» på vei sørover gjennom Rystraumen sør for Tromsø, med kong Harald, dronning Sonja og Kronprins Haakon om bord, august 1992.

Top left: Straumhella a populær fishing and recreation centre with Bryggeloftet cafe and Hellastua. The hospitality is summed up by the sign «Uncrestricted camping and fishing for all visitors».
Below: The royal vessel «Norge» sailing southwards through Rystraumen, south of Tromsø, with King Harald, Queen Sonja and Crown Prince Haakon Magnus, August 1992.

Links oben: Straumhella, ein beliebter Ausflugsort. Die dortige Gastfreundschaft zeigt ein Schild: «Camping und Angeln für jedermann erlaubt.
Unten: Das Königsschiff «Norge» im Rystraumen südlich von Tromsø. An Bord König Harald, Königin Sonja und Kronprinz Haakon Magnus (August 1992).

Disse sider: Med fly, hurtigrute og moderne hurtigbåter har Tromsø utmerkede kommunikasjoner med omverdenen. Tromsøbrua (øverst til venstre) og Sandnessundbrua (nederst til høyre) binder Tromsøya til fastlandet og Kvaløya.

These pages: Tromsø has exellent communications with the outside world by air, steamer and modern catamaran. Tromsø bridge (top, left) and Sandnessund bridge (bottom, facing) link the town to the mainland and Kvaløya.

Auf diesen Seiten: Durch Flugzeuge, Hurtigrute und Schnellboote hat Tromsø sehr gute Verkehrsverbindungen zu seiner Umvelt. Die Tromsøbrücke (oben links) und die Sandnessundbrücke (unten rechts) verbinden Tromsø mit dem Festland und der Insel Kvaløya.

Langnes Handelspark ved Tromsø Lufthavn. Nye etableringer har gjort dette til et nytt sentrumsområde. Her ligger også Polarsentret, med landets første innendørs fotballbane.

Langnes commersial centre near Tromsø airport. New businesses have made this area popular. The Polarsentret is also here, this houses Norway's largest indoor football pitch.

Langnes Industriepark beim Flughafen Tromsø. Im hier gelegenen Polarzentrum befindet sich Norwegens erster Hallenfußballplatz.

Prestvannet - Tromsøs naturperle.
Prestvannet - one of Tromsø's natural pearls.
Prestvannet (der Priestersee) - Tromsøs Perle der Natur.

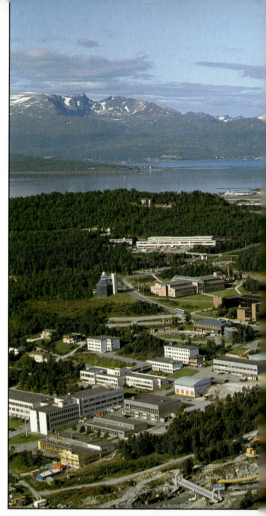

Som fylkeshovedstad, landsdelssenter og Nord-Norges universitetsby, er Tromsø sete for administrasjon, forskning, utdanning og helsevesen.
Nordlysobservatoriet (øverst til venstre) er lagt inn under Universitetet i Tromsø.
Det nye Regionsykehuset (til venstre) har fått en sentral plass på universitetsområdet i Breivika (over).
Til høyre: Tromsø maritime høgskole.

Tromsø has a number of central institutions concerned with administration, research, education and the health service.
The Northern Lights Observatory (top left) is part of the University of Tromsø.
The new regional hospital (left) is a central part of the university campus at Breivika.
Right: Tromsø College of maritime Studies.

Tromsø ist Sitz mehrerer wichtiger Institutionen innerhalb von Verwaltung, Forschung, Ausbildung und Gesundheitswesen.
Das Nordlichtobservatorium (oben links).
Das neue Bezirkskrankenhaus auf dem Universitätsgelände in Breivika (links).
Die Hochschule für Seefahrt (rechts).

Som fylkeshovedstad, landsdelssenter og Nord-Norges universitetsby, er Tromsø sete for administrasjon, forskning, utdanning og helsevesen.
Nordlysobservatoriet (øverst til venstre) er lagt inn under Universitetet i Tromsø. Det nye Regionsykehuset (til venstre) har fått en sentral plass på universitetsområdet i Breivika (over).
Til høyre: Tromsø maritime høgskole.

Tromsø has a number of central institutions concerned with administration, research, education and the health service.
The Northern Lights Observatory (top left) is part of the University of Tromsø.
The new regional hospital (left) is a central part of the university campus at Breivika.
Right: Tromsø College of maritime Studies.

Tromsø ist Sitz mehrerer wichtiger Institutionen innerhalb von Verwaltung, Forschung, Ausbildung und Gesundheitswesen.
Das Nordlichtobservatorium (oben links).
Das neue Bezirkskrankenhaus auf dem Universitätsgelände in Breivika (links).
Die Hochschule für Seefahrt (rechts).

Tromsø har flere særpregede kirkebygg.
Denne side: Elverhøy kirke (øverst) og Den Katolske Kirke (Vår Frue Kirke).
Motsatt side: Tromsø Domkirke (fra 1861) ligger midt i byens sentrum.
Neste oppslag: Tromsø rommer også landlige idyller som denne gården på Tromsøyas vestside.

Tromsø has several distinctive church buildings. This page. Elverhøy Church (top) and the Catholic Church.
Facing page: Tromsø Cathedral (1861) is right in the town centre.
Overleaf: Tromsø also has some idyllic rural architecture such as this farm on the west of Tromsø island.

Tromsø hat mehrere bemerkenswerte Kirchenbauten.
Oben: Elverhøy Kirche.
Unten: Die katholische Kirche.
Rechte Seite: Die Tromsøer Domkirche (von 1861) steht mitten in der Stadt.
Nächste Doppelseite: In Tromsø findet man auch ländliche Idyllen wie diesen Hof an der Westseite der Insel Tromsøya.

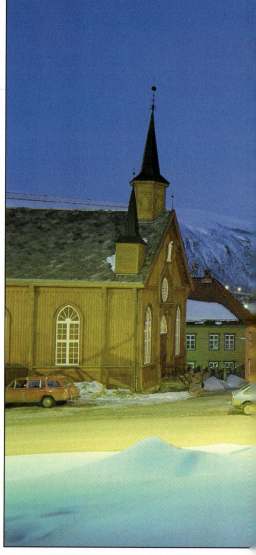

Vinterbyen. Med en beliggenhet på nesten 70° nord opplever Tromsø en lang vinter med mørketid fra 27. november til Soldagen 21. januar.
Vinterstemninger fra sentrum (til venstre). Torget med Kulturhuset og Den Katolske Kirke (øverst til høyre). Nordgående hurtigrute stevner ut fra Tromsø (nederst til høyre).
Neste oppslag: Snøvær. Torghuken en kald vinterdag.

The winter city. At almost 70°N, Tromsø has a long winter and a Polar night that lasts from 27 November to 21 January.
Overleaf: Snow storm on the fish quay on a cold winter's day.

Die Winterstadt. Fast 70° nördlicher Breite gelegen, erlebt Tromsø einen langen Winter und die Polarnacht, die hier vom 27. November bis zum 21. Januar dauert.
Nächste Doppelseite: Schneewetter. Der Fischereihafen an einem kalten Wintertag.

Utsikten over Tromsø fra Fløyfjellet er et imponerende skue, der Kvaløyas ville fjellverden danner en malerisk bakgrunn (øverst). Tromsø Domkirke i vinterlige omgivelser.
Motsatt side: Tromsdalstind i vinterskrud.
Neste oppslag: Mørketid. Tromsø midt på dagen ved juletider.

The view of the town from Fløyfjellet is an impressive sight. The untamed mountains on Kvaløya form an artistic background (top). Tromsø Cathedral and Tromsdalstind in the winter (facing).
Overleaf: Polar night. Noon in Tromsø, Christmastime.

Vom Fløyberg aus bietet sich dem Betrachter eine imponierende Aussicht über Tromsø mit der wilden Bergwelt Kvaløyas malerisch im Hintergrund (oben). Die Tromsøer Domkirche in winterlicher Umgebung (links). Rechte Seite: Der Tromsdalsgipfel im Winterkleid.
Nächste Doppelseite: Polarnacht. Tromsø 12 Uhr mittags an einem Wintertag in der Weihnachtszeit.